Classical and Fingerstyle Guitar Solos

Libro 2 – Estudios

Benjamin Perea

Tabla de contenido

This book is for the aspiring guitarist. It is best utilized by someone already familiar with basic fingerstyle guitar technique or used in conjunction with guitar curriculum from an instructor. This collection of pieces is meant to inspire the player by having relatively quick success creating music on the guitar. At the same time, techniques are introduced to promote balanced strengthening of hands and fingers. If you are beginning your journey into classical and fingerstyle guitar, remember to be very intentional with your practice time. Most importantly, work up each piece from a very slow tempo, breathe and always keep your body relaxed. Enjoy!

Este libro es para un guitarrista en potencia. Es mejor para alguien que ya tiene alguna familiaridad con la técnica de guitarra fingerstyle o junto con el plan de estudios de guitarra de un instructor. Ésta colección de piezas está destinada a inspirar al músico a tener un éxito relativamente rápido creando música en la guitarra. Al mismo tiempo, se introducen técnicas para promover el fortalecimiento equilibrado de las manos y los dedos. Si está empezando su viaje hacia el fingerstyle y la guitarra clásica, sea muy constante con su tiempo de práctica. Lo más importante es trabajar con un ritmo muy lento en cada pieza, respirar y mantener siempre su cuerpo relajado. ¡Disfrútelo!

1. Ah, vous dirai-je, Maman

Les Amusements d'une Heure et Demy (1761)
Twinkle, Twinkle Little Star (1838)

Arregló para guitarra por Benjamín Perea

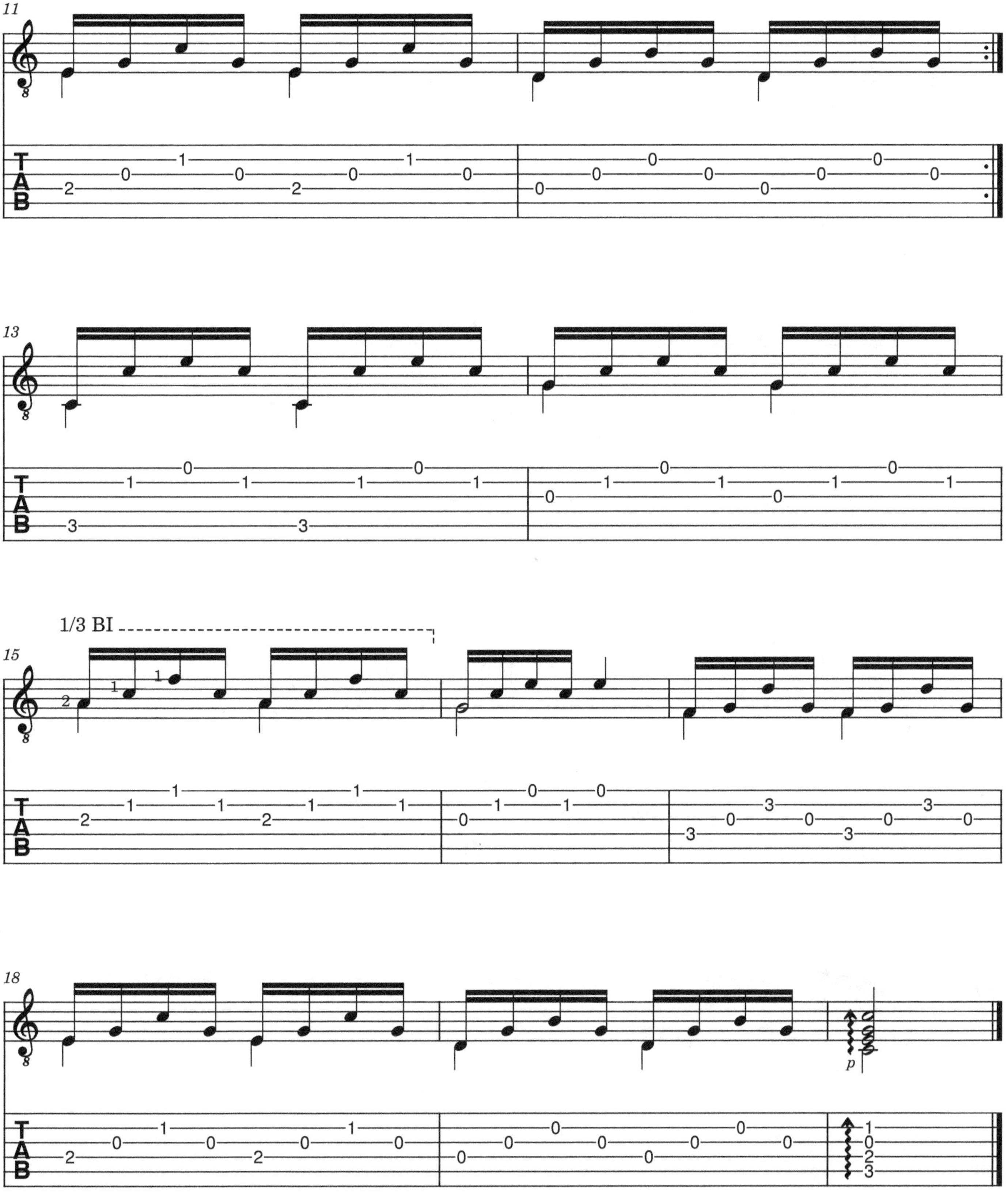
11
13
1/3 BI
15
18
p

2. Volador
(Flying)

Benjamín Perea

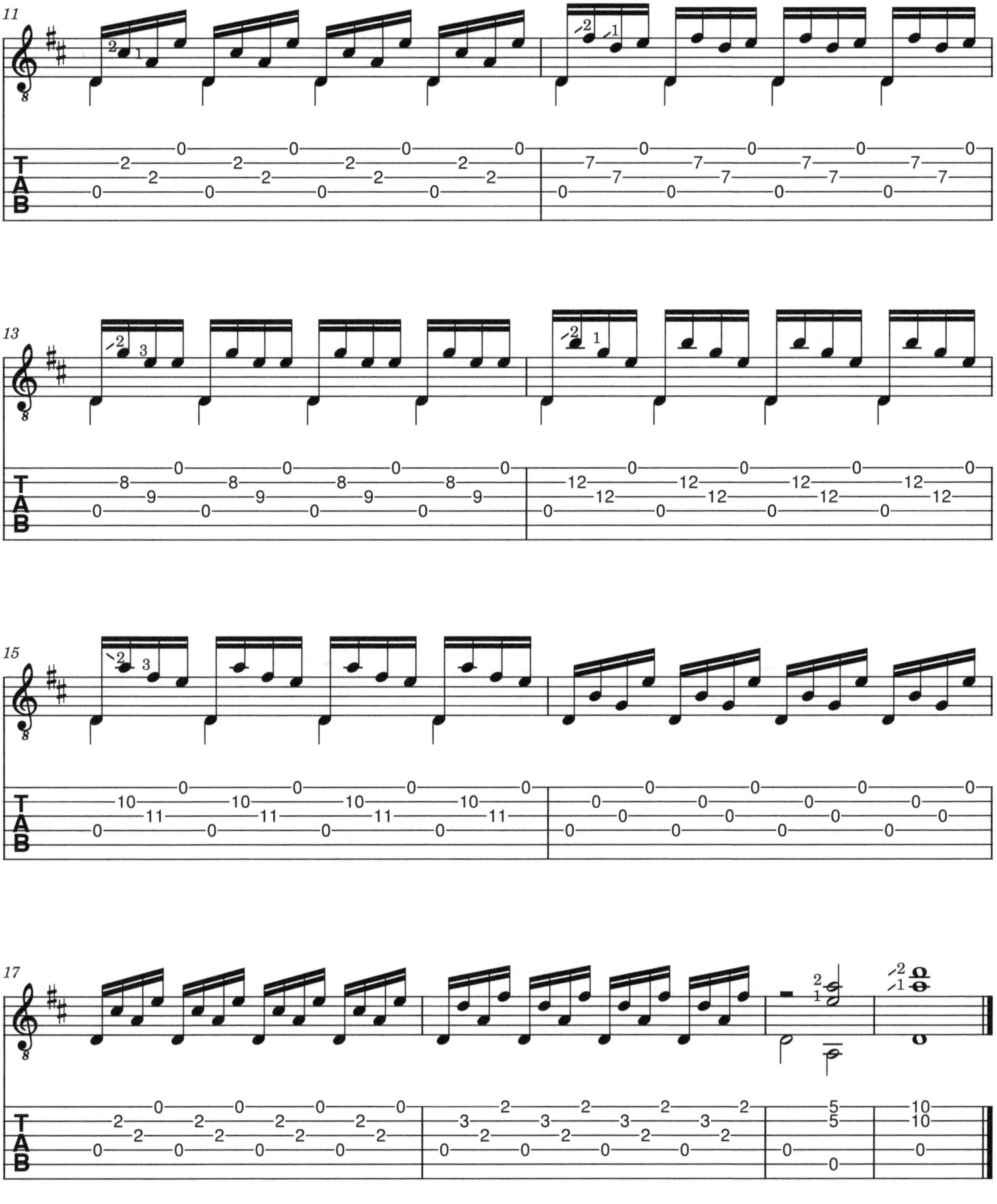
11
TAB
13
TAB
15
TAB
17
TAB

3. Lección en Am

Método Completo de Guitarra
Lección 1

Antonio Caro 1811-1897

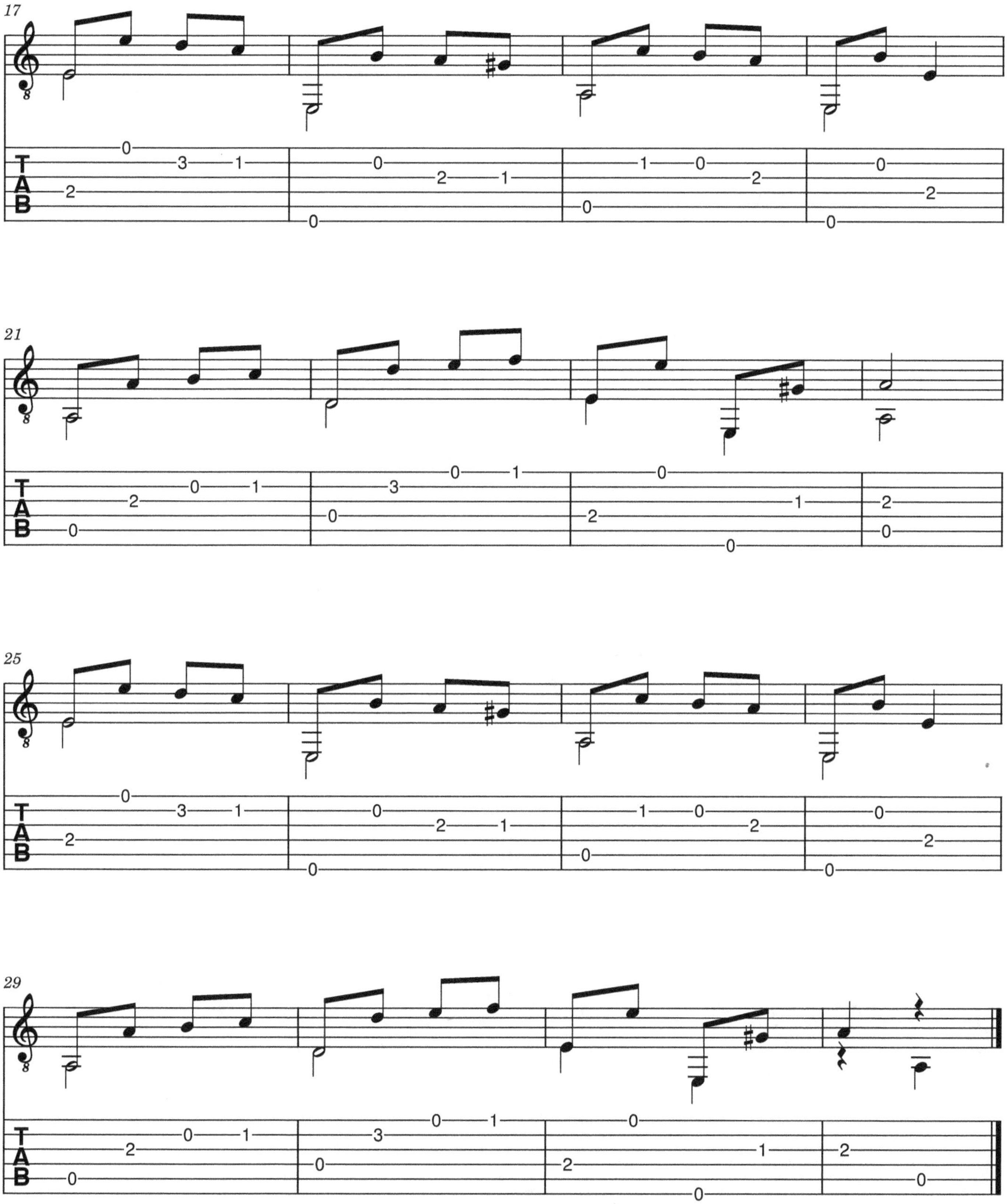

4. Air de Danse

Arrangée par Napoleon Coste 1805-1883
Arregló reducido por Benjamín Perea

16th Century Dance

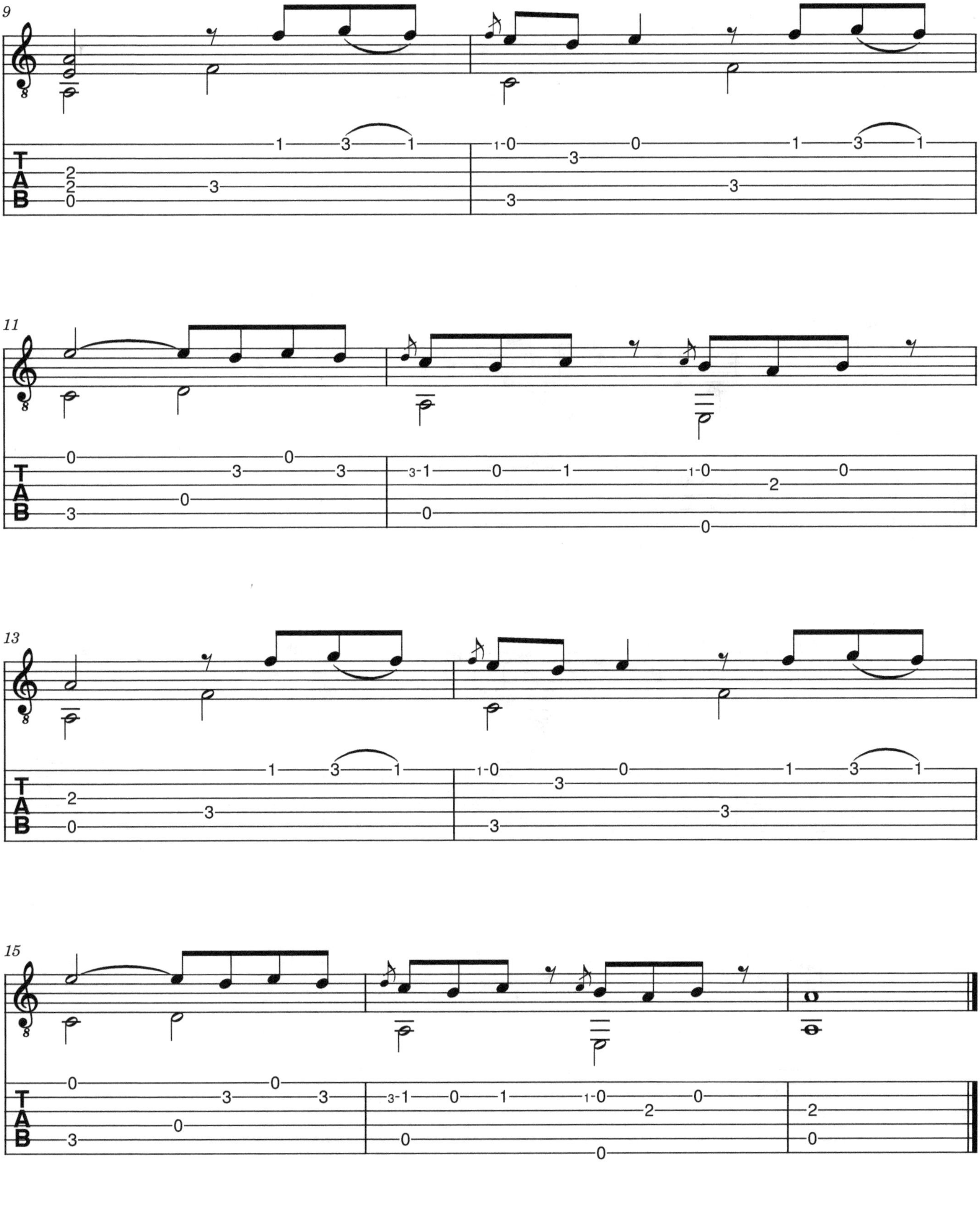
9
11
13
15

5. Sueños
(Dreams)

Benjamín Perea

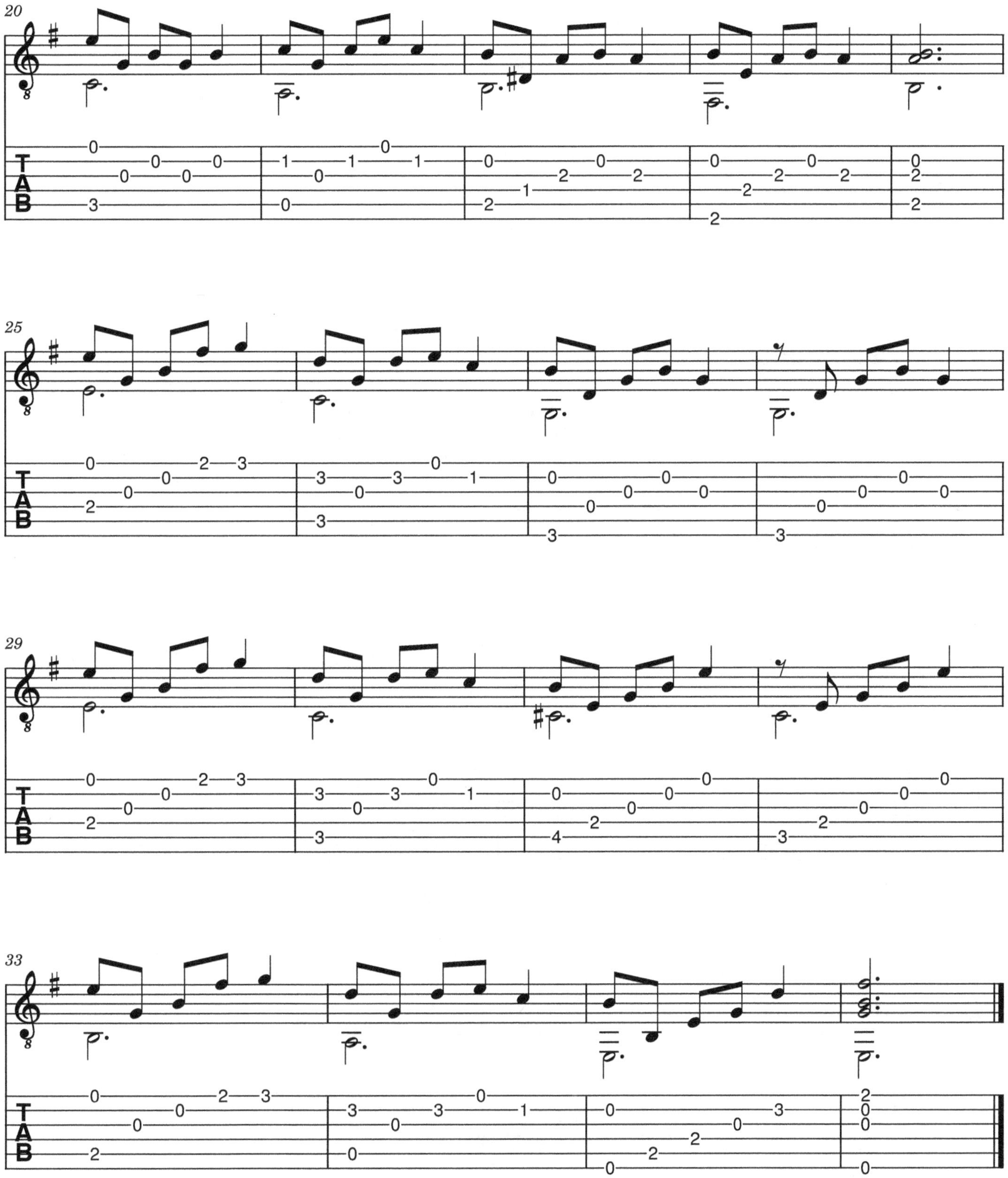
20
25
29
33

6. Andante

Méthode Complète pour la Guitare
Op 59

Matteo Carcassi 1792-1853

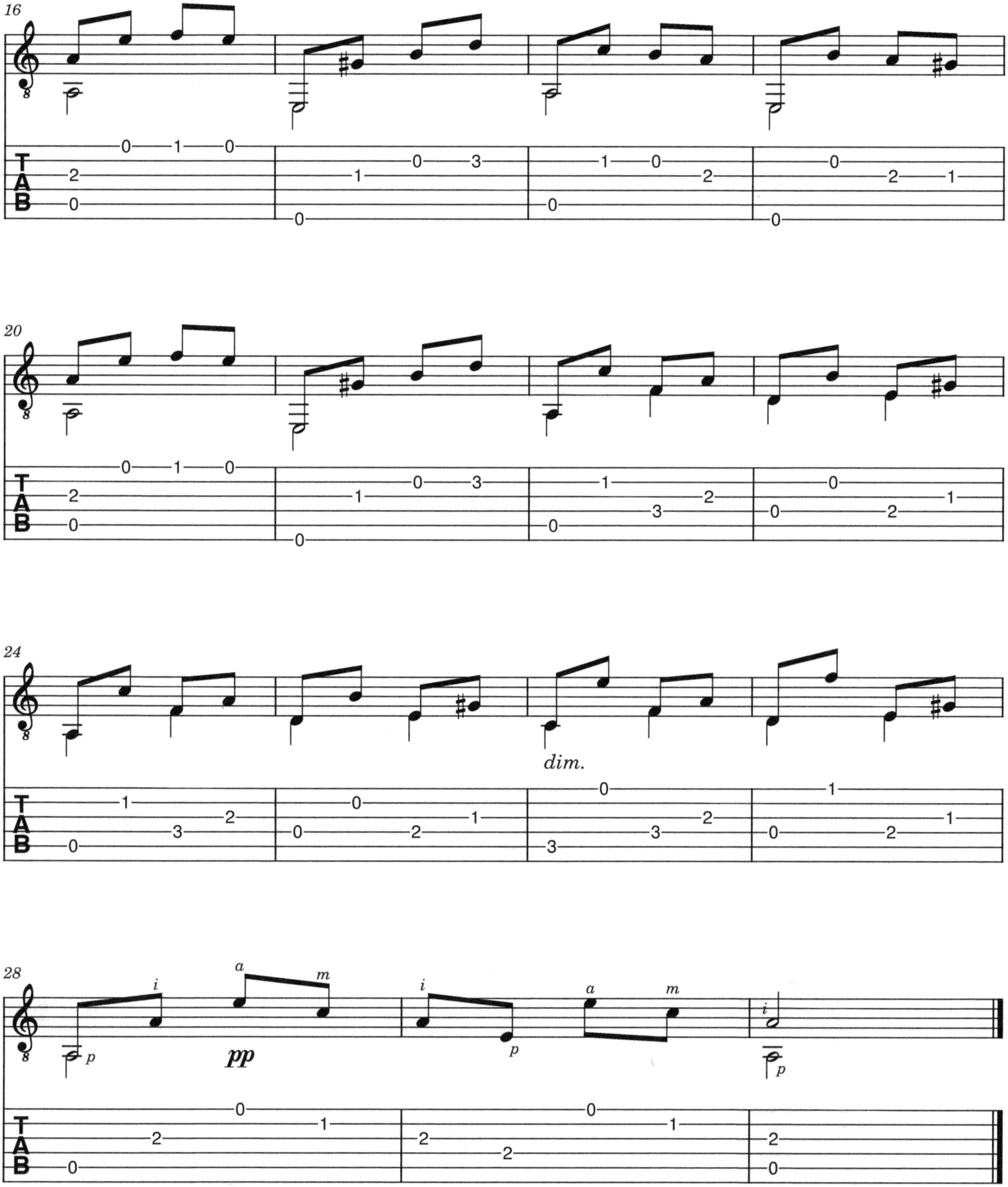
16
20
24
dim.
28
pp
T
A
B

7. Memoria apasionada
(Passionate Memory)

Benjamín Perea

M.D. harm.
(R.H./Playing hand)
*8va
M.D. harm.
(R.H. harm.)
M.D. harm.
M.D. harm.
(R.H. harm.)
rit.
(R.H. harm.)
rit.
dim.

8. Zarabanda Francesa

Gaspar Sanz 1640 (bautizando) -1710
Benjamín Perea

Instrucción de Música sobre la Guitarra Española

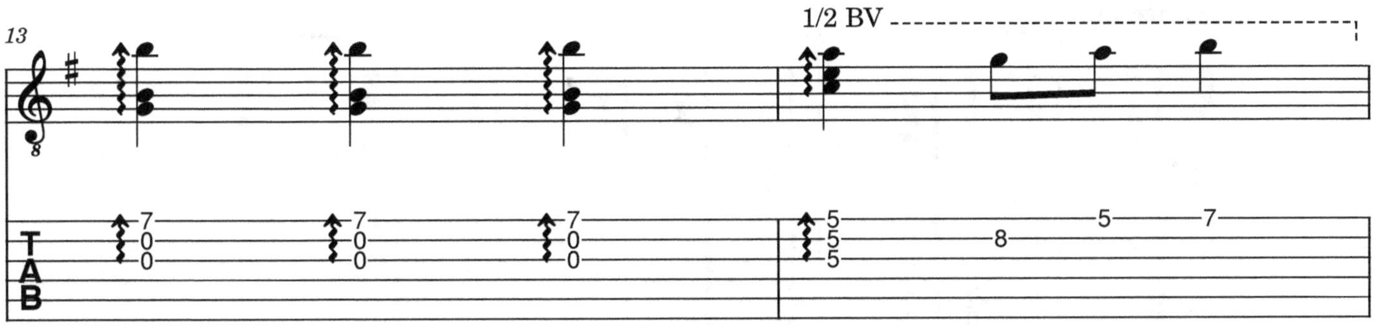
13
1/2 BV
TAB
7 0 0
7 0 0
7 0 0
5 5 5
8
5
7

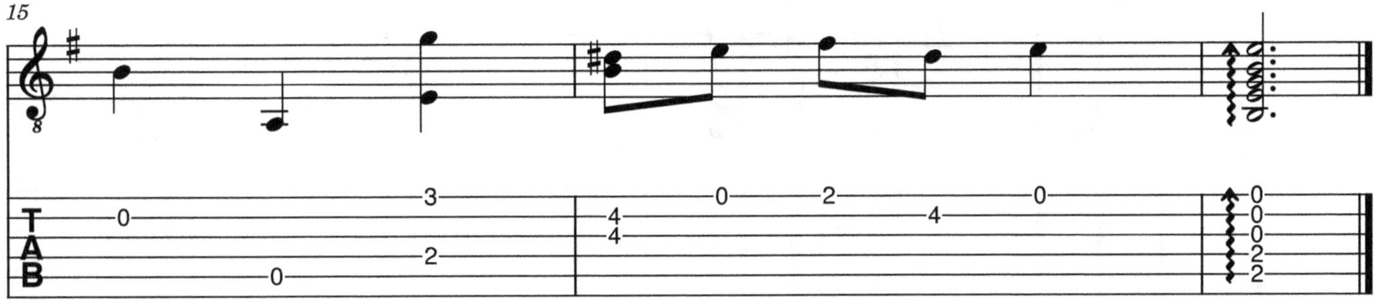
15
TAB
0
0
3 2
4 4
0
2
4
0
0 0 0 2 2

9. Ballade

Jaime Bosch 1826-1895
Arregló reducido por Benjamín Perea

Andante misterioso

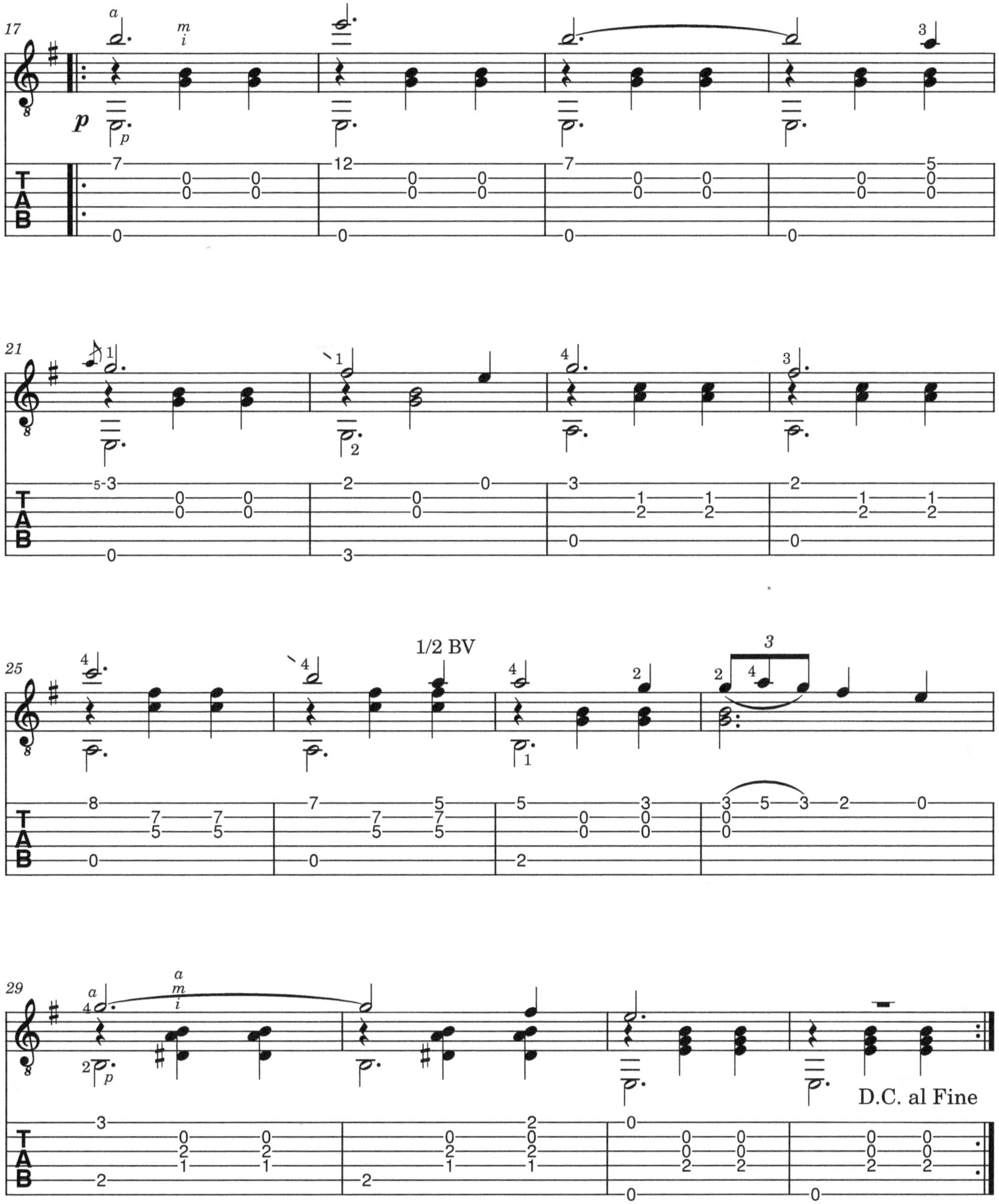
1/2 BV
D.C. al Fine

10. Romanze

Übungen und Leichte Stilstudien für Gitarre   Johann Kaspar Mertz 1806-1856

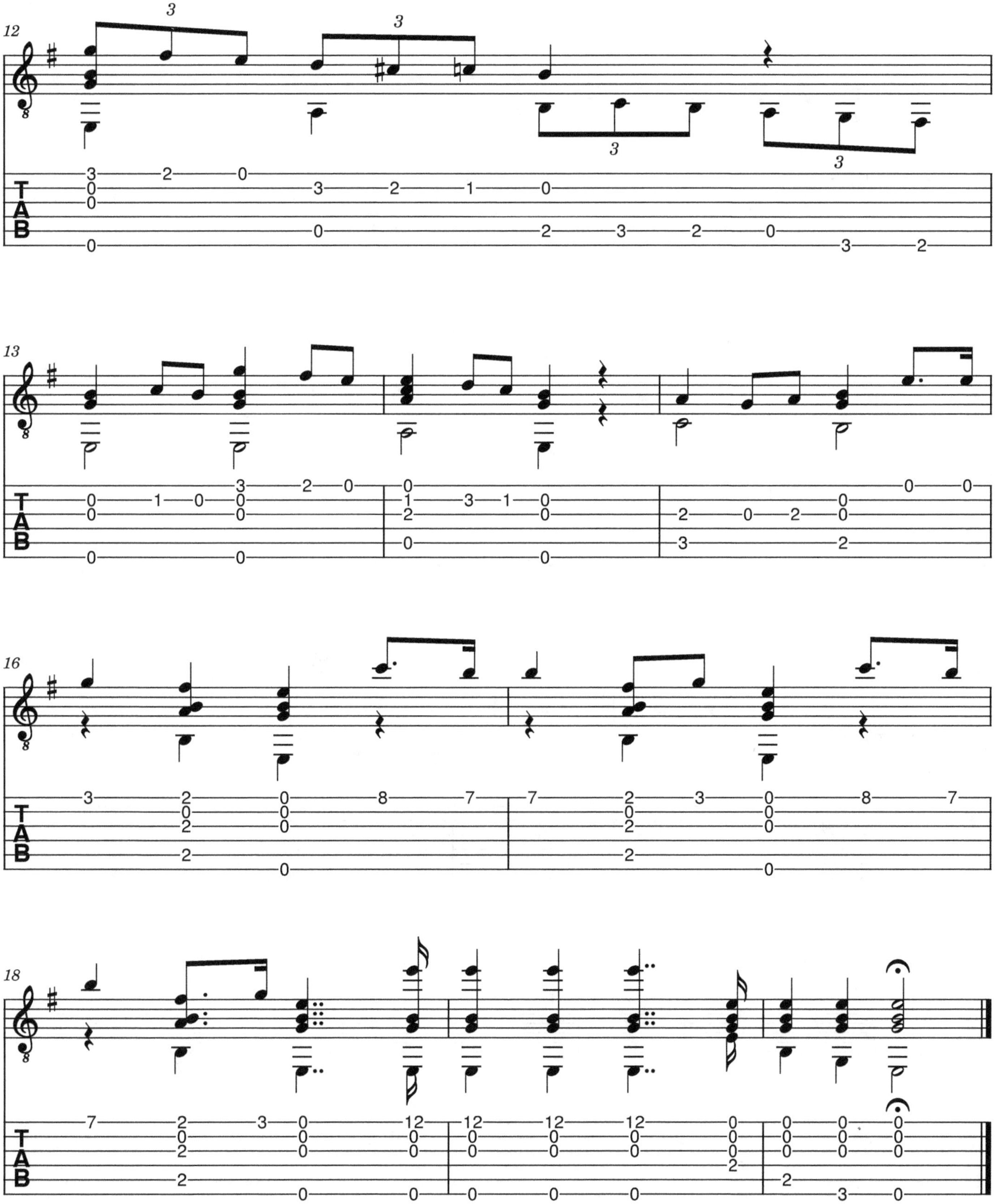
12
13
16
18
TAB

11. Vals en Am

(Waltz in Am)

Benjamín Perea

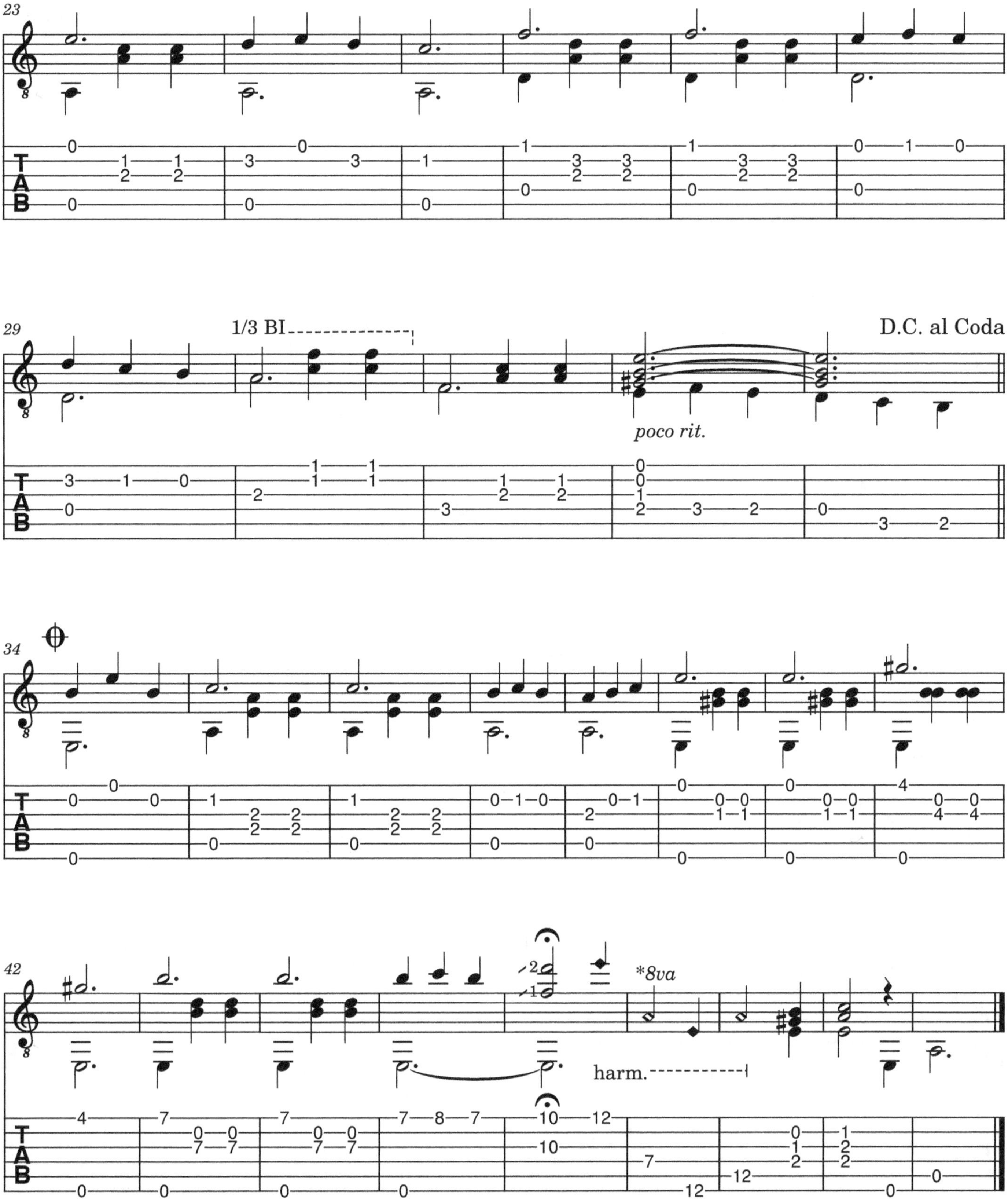
1/3 BI
D.C. al Coda
poco rit.
*8va
harm.

12. Estudio en Em

Francisco Tárrega 1852-1909

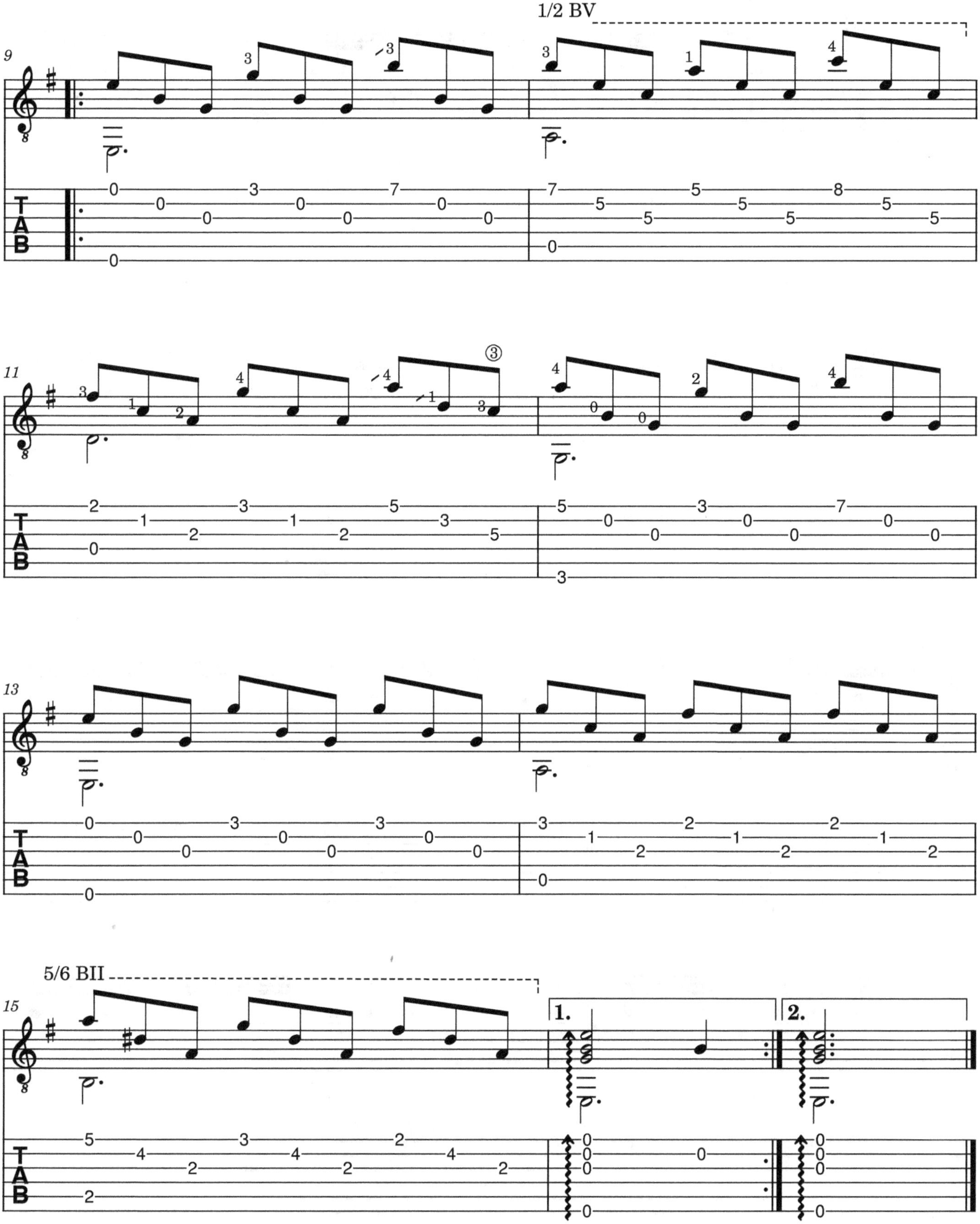
1/2 BV
5/6 BII

13. La Folía – Trémolo Ejercicio

Andante (♩ = 76-92)

Benjamín Perea

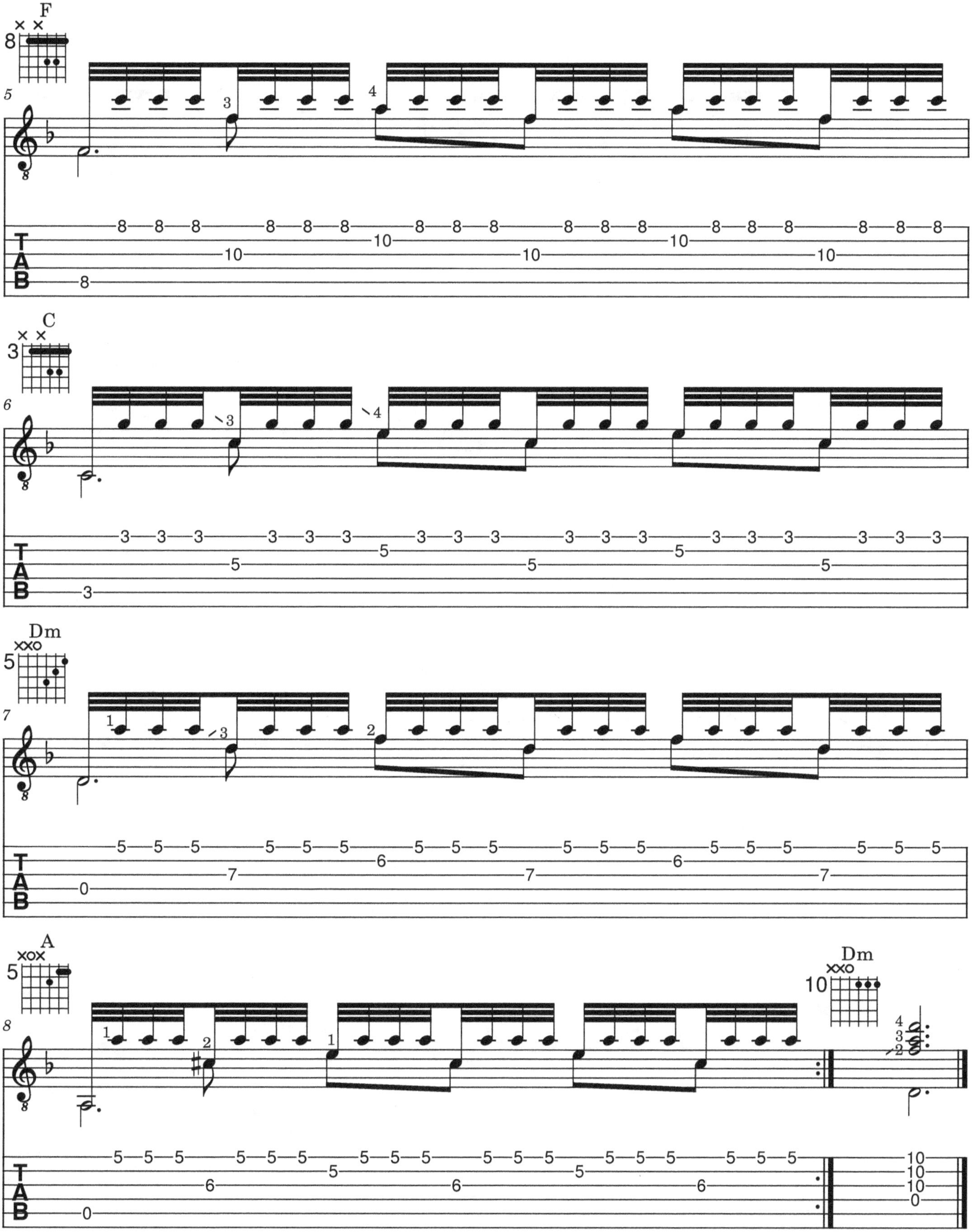
F
C
Dm
A
Dm

14. Esercizio en Em

Op. 48 No. 5
Esercizio per la Chitarra

Mauro Giuliani 1781-1829

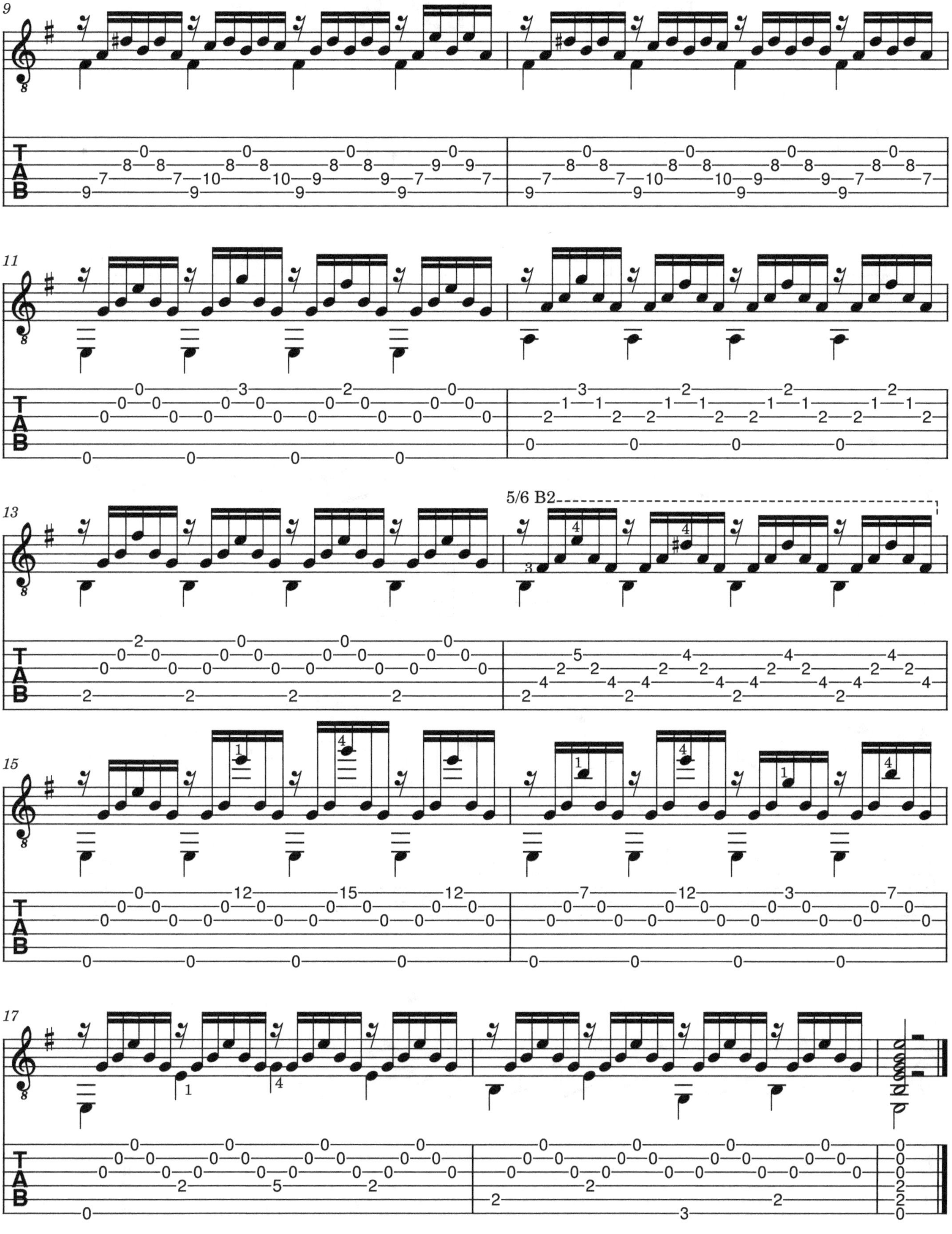
9
11
13
5/6 B2
15
17
T
A
B

15. Nuevo Spanish Romance

Benjamín Perea

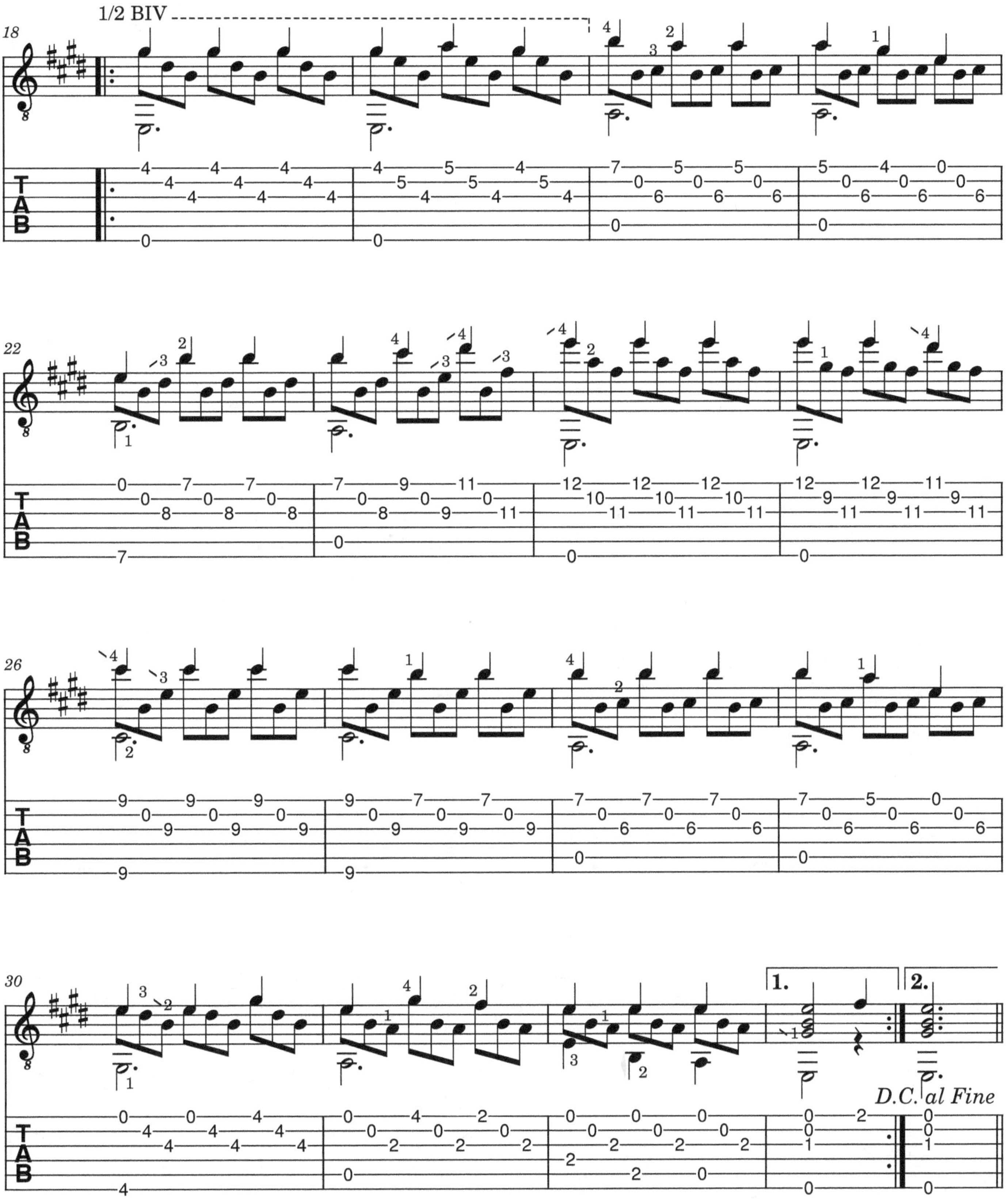
1/2 BIV
D.C. al Fine

Nuevo Spanish Romance

Benjamín Perea

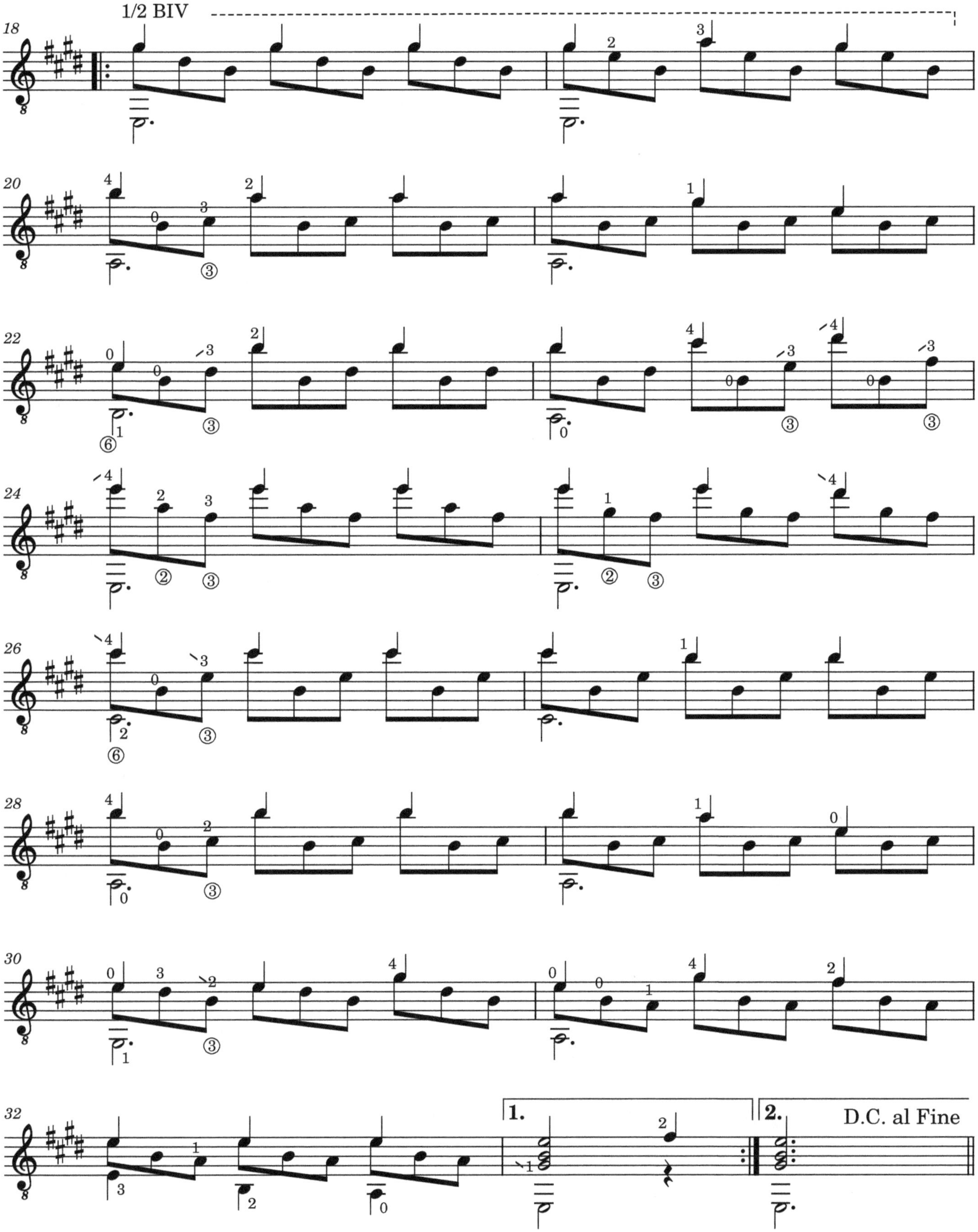
1/2 BIV
D.C. al Fine